मन की तरंगे

(काव्य संग्रह)

बिनोद कुमार 'नैतिक'

Book   : Man Ki Tarange

Author   : Binod Kumar 'Naitik'

Edition   : 1st (14 April, 2022)

ISBN   : 9789391358976

© Author

Published by

PRACHI
DIGITAL PUBLICATION

Regd. Add.: 254, Khuriyakhatta No. 10, Bindukhatta,
Lalkuan, Nainital - 262402, Uttarakhand, India
Website : www.prachidigital.in
E-mail : editor@prachidigital.in
Contact : +91-976041-7980, +91-976041-8103

Printed by :
Manipal Technologies Limited, Bangalore - 560025, Karnataka

अनुक्रमणिका

क्र.सं.	शीर्षक	पृष्ठ सं0
1	मेरी दृष्टि में कवि	6
2	शुभकामना	11
3	मेरे मित्र को लेखनी का धनी बनाए रखे	12
4	लेखकीय	13
5	मैं किसान हूँ	15
6	हम मजदूर हैं	16
7	क्या देखें अखबार	18
8	नव कुसुम	20
9	खेलो मत प्रकृति से	21
10	मानुष जीवन	23
11	याद रखेगी सदा जहां	24
12	जीवन की डगर	25
13	खामोश जुबां	26
14	मत घोलो जहर हवा में	27
15	पत्थर	28
16	अक्ल	29
17	कामयाबी के मंत्र	30
18	दुविधा	31

19	श्रमिक	33
20	साथ साथ	34
21	मेहनत का विकल्प नहीं	35
22	मध्यमवर्गीय रोज़मर्रा	36
23	पिंजरे में बंद परिंदा हूँ	39
24	जरा ठहर ऐ ज़िन्दगी	40
25	सरकारी शिक्षक	42
26	मेरे अरमान	46
27	चौपट हो गया धंधा तेरा	47
28	गलती	48
29	बंद	49
30	अबकी गर्मी छुट्टी में	51
31	खाली	53
32	कोरोना में ईद	54
33	जाओ	55
34	तुम सैनिक हो	57
35	माथा पीटा अजनबी	58
36	सरदार पटेल	59
37	अब नया गीत कौन सुनाएगा	60
38	समाजरूपी दर्पण	61
39	दो अक्षर तू भी पढ़ा	62
40	भटकने दो भावनाओं को	63
41	चेहरा	65
42	यादें	67
43	साली	68
44	आजकल	70
45	तुम्हें याद मेरी भी आती होगी	71
46	रिश्ता	73
47	समझोगे क्या प्यार व्यार तुम	74

48	हिफाजत करूँगा धरोहर की तरह	75
49	बीते लम्हें	76
50	पुनर्मिलन	79
51	हम और तुम	82
52	तेरे बगैर	85
53	कौन है दिवाना तेरा	86
54	बेबसी	87
55	ये कैसी नजदीकियां	89
56	विदाई	90
57	तूँ बुलंदियों को छुए	92
58	जन्मदिन तेरा मंगलमय हो	93
59	दुआ	94
60	वायरस	95
61	परिवर्तन	96
62	डमरु छंद	97

मेरी दृष्टि में कवि

सृष्टि के प्रारंभ से ही सम्पूर्ण चेतन में अपनी भावनाओं और संवेदनाओं को अपने अपने ढंग से व्यक्त करने का गुण विद्यमान रहा है। ईश्वर के ज्येष्ठ पुत्र मानव में जैविक गुणों के विकास के साथ ही पैतृक गुणों के ही नहीं वरण अपनी संवेदना और भावों को व्यक्त करने का गुण अन्य जीवों की अपेक्षा मानव में ही रहा। उनकी भावना, चेतना, संवेदना, जिज्ञासा एवं समाधान की चाह समय के साथ तीव्र से तीव्रतर होती रही। सूर्योदय-सूर्यास्त, चन्द्रोदय-चन्द्रास्त, दूर गगन में झिलमिलाते तारों से भी ऊपर अन्य ग्रहों तक उनकी दृष्टि गयी। ग्रह-नक्षत्रों का अपने निश्चित पथ पर गतिमान रहना, एक दूसरे के आकर्षण में दृढ़बद्धता, जीवन को अनुकूलता प्रदान करना आदि ने जिज्ञासा को प्रबल किया। उन्हीं जिज्ञासा से प्राप्त ज्ञान का प्रस्फुटन हम वेद मंत्रो में प्राप्त करते हैं और उस द्रष्टा को ऋषि या कवि कहते हैं। कवि या ऋषि का ज्ञान मानस मंथन से नहीं, स्वस्फूर्त, अनायास, अलौकिक जगत से होता है। मानस के शून्य नभ में विचरण करते हुए उन्हें प्राप्त होता हैं।

प्रदूषण मुक्त धरा पर प्रकृति की गोद में पले ऋषियों को बहती हवा गुदगुदाती रही, पेड़ों लताओं की हरीतिमाओं से आह्लादित होते रहे, विविध रंगों के पुष्प अपनी सुगंध से मनुहार करते रहे, खगों का कलरव, नृत्य, वेणुवन से फूटते मधुर स्वर, तितलियों का श्रृंगार, भ्रमरों का गुंजार प्यार लुटाता रहा। नदियों के निर्मल जल से प्रच्छलित तन, कंद, मूल, फल मधु से स्पंदित होता रहा और उनका मुखरित भाव काव्य रूप में प्रस्फुटित होता रहा।

कवि को मनीषी, परिभू: और स्वयंभू कहा गया है – इसलिए की वह शब्दों की रचना नहीं करते, रच जाते हैं। शब्द को ब्रह्म कहा गया है। ब्रह्म की रचना कौन कर सकता है?

कवि अमृत होते हैं। शब्द रूप में, काव्य रूप में, भाव रूप में, वह कल भी था, आज भी है और कल भी रहेंगे। भाव, संवेदना, काम, आकर्षण जीवों की पहचान है। इन गुणों को अभिव्यक्ति सहज और अनायास सभी से नहीं हो सकता। हाँ, न्यून मध्यम और उच्च रूप इसका होना

स्वभाविक है। कवि कल भी रचना कर रहे थे, आज भी कर रहे हैं। बाणभट्ट कालिदास नहीं हो सके, न तो दण्डी प्रभृति कालिदास। तुलसी, सूर, कबीर, रहीम, मीरा, जायसी, सबका अपना-अपना संसार था। आधुनिक काल में भी हरिऔध, गुप्त, प्रसाद, निराला, महादेवी, दिनकर, अज्ञेय सब अपने अपने स्थान पर एक दूसरे से भिन्न रहे। किंतु सभी का उद्देश्य एक था – 'बहुजन हिताय बहुजन सुखाय'। अपनी अपनी दृष्टि अपने अपने भाव, विचार और संस्कार का प्रस्थापन। किंतु इन सारी सत्यता के बावजूद चिंता का विषय रहा – 'बहुजन हिताय और बहुजन सुखाय' के बदले तथाकथित मुट्ठी भर विद्वत कहे जाने वालों के विचार के लिए और अपने अहंकार की तूष्टि के लिए रचना होने लगी, जिससे 'सरिता सम सबके हित होई' रचनाकार जनता से कट गये। अगर मेरी बात अतिशयोक्ति लगती हो तो कहूंगा कि सुदूर ग्रामीण क्षेत्रों में मूर्ख गवांर कहे जाने वाले लोग भी संस्कृत कवि कालिदास से लेकर वीर, भक्ति, रीति से लेकर निराला, दिनकर, महादेवी आदि कवि को जानते ही नहीं बल्कि उनकी पंक्तियों को गुनगुनाते भी हैं। आज के पद्म, पद्मभूषण रचनाकार केवल स्कूली छात्रों के लिए या फिर चमकीले शीशे की अलमारियों में कैद रहते हैं।

बिनोद कुमार 'नैतिक' ग्रामीण परिवेश से निकले सहज, सरल, शिष्ट, भावुक की प्रथम रचना 'अंतर्ध्वनि' का प्रकाशन हो चुका है। उनकी दूसरी रचना 'मन की तरंगे' का अवलोकन करने का अवसर मिला। कवि ने ईमानदारी के साथ अपनी उन्मुक्त भावनाओं को अपने उन्मुक्त छंदो में अभिव्यक्त कर जीवन के प्रत्येक अनुभूतियों को सहेजने का कार्य सहज रूप से किया है। दैनिक मानव जीवन के हर्ष-विषाद, मिलन-विछोह, आकर्षण, आक्रोश, व्यवस्था चिंतन इसके काव्य का आकर्षण है।

कवि का जन्मजात परिवेश ग्राम्य जीवन का रहा है। अतः ग्रामीण जीवन का दृश्य उसकी सहजता, सरलता, निश्छलता एवं भोलापन हमें उनकी रचनाओं में दिखता है। पंत ने तो भारतमाता को 'ग्रामवासिनी' ही कहा है। गांधीजी ने गांव को 'भारत की आत्मा' कहा। कवि का प्यार अपने गांव के लिए छलकता दिखाई देता है। कवि अपने एक नगरीय मित्र से कहता है –

अबकी गर्मी छुट्टी में,
ये दोस्त मेरे गाँव तो आना
नदी किनारे घर है मेरा
उछलकूद कर खूब नहाना।
है पास एक बड़ा बगीचा

आम लीची जी भर खाना,
रात चाँदनी जब छिटकेगी
डेंगी नाव से सैर लगाना।

गाँव में कृषि आश्रित जीवन होता है। किसान स्वंय का ही नहीं संपूर्ण मानव समाज, प्रत्येक जीव-जंतु का भी जीवनदाता होता है। किंतु इस जीवनदाता के दर्द को वातानुकूलित कक्ष से समझने का तथाकथित प्रयास किया जाता है। ग्रामीण जीवन जीने वाले इस कवि ने किसान की पीड़ा का इस प्रकार सजीव चित्र उपस्थित किया है –

'दीन हूँ, मूर्ख हूँ, बेजवान हूँ
न ढंग का कपड़ा, न गाड़ी घोड़ा

रात-दिन मेहनत करता हूँ
फिर भी जरूरतें पूरी नहीं होती
मैं कर्ज से कभी उबर ही नहीं पाया '

सरकारी विद्यालयों की कुव्यवस्था से आज सभी प्रबुद्धजन से लेकर आमजन तक चिंतित है। ऊँचे-ऊँचे भवन, ऊँची डिग्रीधारी शिक्षक, हर तरह की सुविधा– किंतु छात्र नहीं। छात्र आते भी हैं तो सिर्फ छात्रवृत्ति, पोशाक, साइकिल अर्थात सरकारी योजनाओं का लाभ प्राप्त करने के लिये। कवि ने इस विषय पर भी सजीव चित्र प्रस्तुत किया है।

मनुष्य बार-बार एक जैसी जिंदगी जीते-जीते उसके आदी हो जाते हैं। कृषि कर्म की रीढ़ तो मजदूर ही होते हैं,जो जीवन भर मजदूर ही रहते हैं। दुख, दर्द, अभाव से उसे अब परेशानी नहीं होती क्योंकि वे मान बैठे हैं कि श्रम करना और श्रमजन्य सारी परेशानियों को सहने के लिए ही वह बना है, इसलिए उसे अब डर नहीं लगता। कवि उनकी जुबान से कहता है कि 'डर सबको लगता है पर हमें नहीं लगता ' इन सारी परिस्थितियों में भी उसका स्वाभिमान मरा नहीं है क्योंकि 'वह निर्माण करता है, निर्माता है' ।

गांव में सहजीवन होता है, सौहार्द होता है, एक दूसरे के प्रति सहयोग की भावना होती है। 'बीते लम्हें' कविता में कवि अपने गाँवो की इसी विशेषताओं को याद करते हैं। अभावों में भी खुश रहना उनका स्वभाव होता है। किसी के घर विवाह का आयोजन होता है, कोई त्यौहार होता है या

मेहमान आते हैं तो सभी एकजुट होकर मदद करते हैं। साग-सब्जी, दूध-दही सभी बिना मिलावट के उपलब्ध हो जाते हैं। शाम को सभी एक जगह बैठकर कीर्तन भजन करते हैं।

कवि हिंदी, उर्दू के साथ-साथ अंगिका पर भी अपनी पकड़ अच्छी तरह रखते हैं। विलुप्त हो रहे शब्द जिसे आज की पीढ़ी जानते तक नहीं, ऐसे अन्न जो आज न उपजाये जाते हैं, न खाए जाते हैं, उनका भी प्रयोग किया है – 'जैसे मांढ़ा – चीना से बनने वाला एक प्रकार का भूजा, डेंगी – छोटी नाव, छुर-छुर, बुढ़िया कबड्डी – एक प्रकार का खेल, ककड़ी, फूट, पल्हेज, बुखारी – गर्मी के दिनों में होने वाले फल, चीना, कौनी, ज्वार, बाजरा' दियरा क्षेत्र में होने वाले अन्न। कवि ने उर्दू शब्दों का प्रयोग भी भरपूर किया है। 'चेहरा' शीर्षक कविता में – किताब, चेहरा, महबूब, ख्वाब, कयामत, आफ़ताब, लाज़वाब, नजर, बदनुमा, 'खामोश जुबा' में अल्फाजों, मुमकिन, अंदाज, शौक, रिवायत, सैलाब, गम, शिकवा आदि शब्दों से मनोहारी लयात्मक छटा बिखेरते हुए रचनाओं में चार चांद लगाने का बेशक भरपूर प्रयास किया है। स्थान-स्थान पर अनुप्रास एवं उपमा अलंकारों का भी प्रयोग रचना के सौंदर्य अभिवृद्धि के अनुकूल है। 'मंद-मंद मुस्कान, सतरंगी सपनों सा सुंदर, चारु चक्षु, अनुप्रास।' सपनों के प्रेम सराबोर में हंसों सा डूब लगाते थे, सारे अरमान मोम की भांति पिघल रहा है, बातों से फूलों का झड़ना आदि उपमा अलंकार से सुशोभित कर मन मंत्र-मुग्ध कर देते हैं।

प्रकृति की सुंदरता कवि को मुग्ध करती है – 'खेलो मत प्रकृति से' शीर्षक कविता में कवि आज जिस तरह प्राकृतिक संपदा का दोहन हो रहा है उससे चिंतित दीखता है। जबकि मनुष्य के हर निर्माण में प्रकृति का साथ है।

'तेरे हर निर्माण के पीछे
प्रकृति का ही हाथ है,
राह दिखाया है उसी ने
हरपल वो तेरे साथ है।

जल जंगल पहाड़ भूमि तक
तुमने किसी को न छोड़ा,
जब जहाँ जैसे जी चाहा
अपने मन माफिक निचोड़ा।

किंतु पेड़, पहाड़, जंगल, नदी, मिट्टी सब के साथ खिलवाड़ हो रहा है। कवि 'मेरे अरमान' में मजहब और जाति की दीवार को तोड़कर एक नूतन समाज की स्थापना का स्वप्न देखता है। नारी को सम्मान देते हुए कवि ने 'यत्र नार्यस्तु पूज्यंते रमन्ते तत्र देवता' का संदेश दिया। स्त्री पुरुष रेल की दो पटरियों है जिसके समानांतर रहने पर हीं जीवन की गाड़ी चल सकती है, ऐसा कवि का मानना है। कवि का यह संदेश निःसंदेह हर एक निराश प्राणी में आशा का संचार करने के लिए यथेष्ट है – 'आस का दीपक बुझने मत दो, विवेक से जागृत रखो बाती' और यही शब्द मंत्र बनकर प्रतिक्षण-प्रतिपल प्रत्येक परिस्थितियों में कवि का मार्गदर्शन करता है।

आचार्य शुक्ल ने 'चिंतामणि' के निबंध में लिखा है कि बड़ी-बड़ी नदियां, समुद्र, झील आदि सभी की प्यास बुझा नहीं पाते। सामान्य जन की प्यास तो छोटी-छोटी नदियां, तालाब, पोखर, गड्ढे के जल से ही मिटती है। सच है बड़े-बड़े स्वनामधन्य कवियों-लेखकों की दुरूह, नए उपमानों और प्रतीकों तक साधारण पाठक की पहुँच नहीं हो पाती है, ऐसे लोगों का मनोरंजन और ज्ञानवर्धन 'नैतिक' जैसे कवि हीं करते हैं। मैं आशा करता हूँ कि कवि की कलम उत्तरोत्तर बढ़ती रहेगी। सतत व्यस्तताओं के मध्य साहित्य का दीप जलाए रखेंगे उज्जवल भविष्य की सतत कामना।

डॉ. अवध बिहारी आचार्य

अध्यक्ष

अखिल भारतीय भाषा सम्मेलन

अ . भा . अंगिका साहित्य कला मंच

अ . भा . अंगिका विकास परिषद

शाखा – कटिहार

संपर्क –

युगल किशोर कुटीर

बरमसिया, बुद्धचक रोड

कटिहार, बिहार

दूरभाष– 9931029008

शुभकामना

मैंने श्री बिनोद बाबू द्वारा रचित 'मन की तरंगे' की सारी कविताएँ अद्योपान्त पढ़ीं। पढ़ कर प्रतीत हुआ कि ये साहित्य जगत के उदयमान भाष्कर सदृश्य है। इस पुस्तक की अधिकांश कविताएँ स्फुट अतुकांत है जो कलेजे में हिलोरें पैदा करती है। कवि महोदय स्वर्गीय कविवर सूर्यकांत त्रिपाठी के पदराही हैं। कविता के सभी शीर्षक भावानुरूप हैं। भाव नाविक के तीर सदृश्य गंभीर है। किसान, मजदूर, शिक्षक आदि पर इनकी कलम सच्चाई उगलती है। मैं इन्हें कविताकाश में प्रखर मार्तण्ड के रूप में उभरने की शुभकामना देता हूँ। माँ शारदा इनकी कलम में भावाभिव्यक्ति की पूरी शक्ति दें। इति शुभम्।

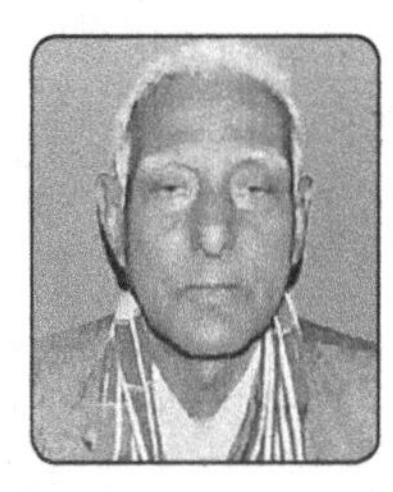

विपिन लाल मण्डल
राष्ट्रपति पुरस्कृत सेवानिवृत
शिक्षक, उपन्यासकार, लेखक
ग्राम :– अठारे, पोस्ट :–बैना
जिला– कटिहार – 854 116

मेरे मित्र को लेखनी का धनी बनाए रखे

किसी भी संस्कृति की सबसे चौकस आवाज कविता है। कविता भाव प्रसार करती है। वर्तमान में कविता और समाज के बीच खाई चौड़ी हुई है। फिर भी कविता बड़े पैमाने पर लिखी जा रही है। धन और ऐश्वर्य के बढ़ते आकर्षण तथा तकनीकी शिक्षा की लोकप्रियता के आसार में नयी पीढ़ी द्वारा कविता बेकार की चीज समझी जा रही है। लेकिन मेरे मित्र द्वारा रचित 'मन की तरंगे' की सारी कविताओं का अध्ययन करने पर ज्ञात हुआ कि कविताओं का अपना महत्व है।

सभी कविताएं वर्तमान समय में उत्पन्न परिस्थितियों को बयान करती है। खासकर 'हम मजदूर है', 'मैं किसान हूँ', 'क्या देखें अखबार', 'दर्पण' एवं 'हायकू' कविता सच्चाई को प्रखरित करती है। एक शिक्षक के रूप में कार्य करते हुए भी कविता की रचना करना, वास्तव में एक कठिन कार्य है। इनके कड़ी मेहनत का फल है कि ये इनका दूसरा काव्य संग्रह प्रकाशित होने जा रहा है। लगनशील एवं कर्मठ व्यक्तित्व को हृदय से नमन है। ईश्वर इन्हें आगे बढ़ने में मदद करें एवं जीवन पर्यन्त लेखनी का धनी बनाये रखे। ऐसे ही धरातलीय विचारों को कविता के माध्यम से अनवरत रचने की शुभकामना देता हूँ।

मधुकर कुमार मंडल
प्रधानाध्यापक
म. वि. बैना, प्राणपुर
कटिहार

माँ श्रीमती चंद्रवती देवी और बाबू जी स्व. महेंद्र प्रसाद मंडल के आशीर्वाद, आदरणीय गुरु श्री विपिन लाल मंडल एवं श्री अवध बिहारी आचार्य जी के मार्गदर्शन और तमाम मित्रों के प्रोत्साहन से आज मेरा दूसरा काव्य संग्रह 'मन की तरंगें' प्रकाशन के लिए संभव हो पाया है।

प्रस्तुत काव्य संग्रह 'मन की तरंगें' के माध्यम से मैंने वही व्यक्त करने की कोशिश की है, जो वर्तमान परिवेश में देखा है। कोरोना काल के परिदृश्य को देखकर मैंने 'बंद' और 'खाली' जैसी कविता की रचना की है। कटते जंगल बढ़ते वाहन और लोगों के लापरवाही के कारण फैलते प्रदूषण की तरफ ध्यान आकर्षित करने के लिए 'खेलो मत प्रकृति से' कविता की रचना की है।

काव्य संग्रह के अन्य कविता 'मैं किसान हूँ', 'हम मजदूर हैं', 'जीवन की डगर' के माध्यम से मैंने सामाजिक पहलू को भी छूने का प्रयास किया है। हमें उम्मीद है कि मेरा ये प्रयास आपको निराश नहीं करेगी।

आपके सुझाव और सहयोग की हम कामना करते है।

-बिनोद कुमार 'नैतिक'

मैं किसान हूँ

दीन हूँ
मूर्ख हूँ
बेजुबान हूँ
न ढंग के कपड़े है
न गाड़ी-घोड़ा,
न बैंक बैलेंस
न रहने को बढ़िया मकान है।
नहीं,
मैं कोई चोर उचक्का नहीं हूँ,
न बेअदब
ना ही बेईमान हूँ।
रात-दिन मेहनत करता हूँ
फिर भी
जरूरतें पूरी नहीं होती,
मैं कर्ज से कभी उबर ही नहीं पाया,
जबकि मैंने...
हमेशा अपना फर्ज निभाया।
मैं कलमकार की कहानी में,
नेताओं के भाषण में,
कहने को तो –
देश का सम्मान हूँ?
पर मैं,
खुद अपने भाग्य से
परेशान हूँ।
क्योंकि मैं कृषि प्रधान देश का
बेबस किसान हूँ।

हम मजदूर हैं

कहते हैं कि –
डर सबको लगता है,
पर, हमें नहीं लगता ...
हम नहीं डरने के लिए
मजबूर हैं
क्योंकि हम मजदूर हैं।

जब हम ऊँची इमारतों को
सिर्फ रस्सी के सहारे लटक कर
रंगने से नहीं डरते,
पहाड़ की चट्टानों को
तोड़ने से नहीं डरते,
और तो और
हम मिट्टी के नीचे जाकर
खनिजों को निकालने से नहीं डरते,
तो तुम्हारी क्या बिसात
ओ कोरोना!
तुमसे कैसा डरना।

हमें न आँधी डरा पाई
न बरसात,
न जेठ की दोपहरी
न अंधेरी रात।
चाहे हम भूखे रहें
या बीमार,
चाहे हाथों में छिले पड़े हों

या पैरों में बिवाई,
हमें डर नहीं किसी का।

हम जानते हैं ...
हमारी,
कोई इज्जत नहीं
लोग बेवजह फटकारते भी हैं।
हमारी पगार काट ली जाती है।
पर हम निर्माण करते हैं,
निर्माता हैं।
देश के विकास का भागीदार हैं,
और इस बात का
हमें गुरुर है
क्योंकि
हम मजदूर हैं।

क्या देखें अखबार

हर रोज
किसी न किसी का
उजड़ता है संसार,
मन विचलित
हो जाता है
क्या देखें अखबार।

पकी फसल है
कहीं जल रही,
कहीं जिन्दा जल रहे बच्चे,
कोई भी
अखबार उठा लो
खबर मिलेंगी न अच्छी।

मार काट और
बलात्कार से
हर पृष्ठ है अटे पड़े,
विश्वव्यापी
विकराल कोरोना
मुँहबाये है अलग खड़े।

नेताओं का
वाक् युद्ध तो
रोज सुर्खियां पाता है,
ऐसी ऐसी
खबर है छपती

पढ़कर जी घबराता है।

वैसे, चार पन्ने में
खबर होती है
चौदह में होता इश्तिहार,
मन विचलित
हो जाता है
क्या देखें अखबार।

नव कुसुम

नव कुसुम है खिला चमन में
    महक उठा है घर आँगन,
हर्षित हैं माली बगियन के
    सुरभित हो गया जीवन कण कण।

चन्द्र ज्योति सा शीतल तन
    मंद मंद मुस्कान लिये,
आयी है धरा पर निश्छल
    कोटि नव अरमान लिये।

अपने मनमोहक आनन से
    मंत्रमुग्ध कर देंगी सबको,
नित्य बजेगी रुनझुन सा धुन
    होंगे मनोरम आलय अब तो।

उज्जवल धरा सुशोभित हो गई
    धन्य हो गया स्नेही स्वजन,
नव कुसुम तेरे खिलने से
    सुरभित हो गया जीवन कण कण।

(बेटी के जन्म के अवसर पर)

खेलो मत प्रकृति से

जीव जगत में जितने जीव है
       उनमें तू मनुज सर्वश्रेष्ठ है,
खेलो मत प्रकृति से वो
       तुझसे भी परमश्रेष्ठ है।

तेरे हर निर्माण के पीछे
       प्रकृति का ही हाथ है,
राह दिखाया है उसी ने
       हरपल वो तेरे साथ है।

प्रकृति का सुन्दरतम दृश्य
       बोलो अगर न देख पाते,
सच बतलाओ अपने अंदर
       कवि को क्या जाग्रत कर पाते?

पानी में जब चलना चाहा
       मछली जैसी नाव बनाया,
प्रकृति जब इन्द्रधनुष दिखाया
       चित्रकार तूँ तब बन पाया।

नभ में उड़ने की चाहत ने
       पंछी देख जहाज बनाया,
इसे मानना तुम्हें पड़ेगा
       प्रकृति ने ही श्रेष्ठ बनाया।

तुम अज्ञानी लोभी लालची
        नित नई कामना रखते हो,
अपनी जिद्द पूरा करने को
        हर स्रोत दूषित तुम करते हो।

जल जंगल पहाड़ भूमि तक
        तुमने किसी को न छोड़ा,
जब जहाँ जैसे जी चाहा
        अपने मन माफिक निचोड़ा।

हे मनुज है अब भी वक्त
        संभल जा नहीं तो रोओगे,
खेलो मत प्रकृति से
        अपना सबकुछ खोओगे।

मानुष जीवन

कमनीय काया ज्यों तुम पाया
अंतःकरण क्यूँ धूमिल बनाया,

मत भूलो तुम इस सृष्टि की
		हो सबसे सुन्दरतम रचना,
अमानुषिक कर्म करते हो
		ये कैसी विचित्र विडंम्बना ।

चारु चक्षु पाकर भी तुम
		ओछी दृष्टि रखते क्यूँ हो,
कामना के वश में होकर
		अमन चैन को डसते क्यूँ हो ।

विमल हृदय में अहंकार भर
		आत्मीयजन भी किया पराया,
आसवपान कर निर्मल अंतस
		कोप डगर में खुद भटकाया ।

गर मन वचन बर्ताव दृष्टि को
		अपने वश में न कर पाया,
मानुष तन पाकर भी समझो
		इस जीवन को व्यर्थ गवाँया ।

याद रखेगी सदा जहां

विनय वो ताकत है, मनुज का
    जो परे भीड़ से करता है
छोटी – छोटी ईंट पत्थर ही
    अट्टालिकाएं खड़ा करता है।

बड़े लोग, तब बड़े हैं होते
    छोटे कार्य जब खुद निपटाते
जो अपने अधीनस्थ का भी
    मौका पाकर हाथ बँटाते।

नम्र रहें, सहयोग करें
    अहंकार को फटकने मत दें,
पास पड़ोस के लोगों का
    अमन चैन कभी घटने मत दें।

मानवता की सेवा में गर
    तत्पर होंगे आप यहाँ,
खुद व खुद पहचान मिलेगी
    याद रखेगा सदा जहां।

जीवन की डगर

जश्न मना लो स्वागत कर लो
          नव प्रसून हैं खिला चमन में
फल बन पको गिरेगा जिस दिन
          नम आँखों से विदा करनी होगी।

कभी शुष्क पवन, तो कभी बसंती
          कभी गरजन भरी बारिश की बूंदे।
कभी ठिठुरन भरी सर्द की चादर
          न जाने क्या-क्या सहनी होगी।

कहीं प्यार दुलार दुत्कार मिलेगा
          तो कहीं गिरि अरण्य मझधार भी,
ऊँच नीच भरी डगर पे प्यारे
          संभल- संभल कर बढ़ना होगा।

चमत्कार कर गए अगर कुछ
          नतमस्तक होगा जग सारा
फिसला जो तू चकाचौंध में
          फिर जिल्लत भी तुझे सहनी होगी।

जी चुराया अगर मेहनत से
          रह जाओगे फिर गुमनाम,
चाहत हो कि याद रखें जग
          ये कोशिश तुम्हें स्वयं करनी होगी।

खामोश जुबां

हर बातें अल्फाजों में
बयां नहीं होती,
कुछ तो समझो ऐ दोस्त
खामोश जुबां भी।

दर्द दिलका सब दिखाना
कहाँ मुमकिन है,
दोस्त हो तो जरा गौर करो
अंदाज़-ए-बयां भी।

लड़खड़ाकर चलना शौक
नहीं, मजबूरी है,
कभी तो देख पाते तुम
रिवायत-ए-बेड़ियाँ भी।

गम का उमड़ता सैलाब
कितना जज्ब किया मैनें
तूने हँसते चेहरे को देख
धोखा खाया यहाँ भी।

जब अपने ही गैरों सा
बर्ताव रखते हो 'नैतिक'
तो कैसे करे कोई किसी से
शिकवा गिला भी।

मत घोलो जहर हवा में

अपने विकास के रथ को लेकर
        कितने जंगल रौंदोगे,
हरियाली की बलि चढ़ाकर
        कहो कहाँ तक भागोगे।

मत घोलो जहर हवा में
        खेलो मत प्रकृति से,
संतुलन अगर बिगड़ा तो
        मिट जाएँगे जीव जगत से।

आँख मूंद क्यों खड़े हो बोलो
        तापमान क्यों बिगड़ रहा है,
वाहनों की बढ़ती संख्या
        कितना विष उगल रहा है।

क्यों संकट में डाल रहे हो
        खुद ही बन्धु खुद का जीवन,
ऐसा कुछ न करें, विनय है
        जिससे फैलता हो प्रदूषण

पत्थर

कब कहाँ कैसे
भटक कर
कारवाँ से
मैं बिछड़ गया,

अन्जान गली
सुनसान डगर से
पत्थर के शहर
मैं पहुँच गया,

पत्थर– पत्थर
सब जिन्हें कहते
इन्सानों से
बेहतर था,

मैंने देखा
उसके दिल में
स्वागत का
शीतल जल था।

अक्ल

मुसीबतों से
मत घबराओ,
हौसला हिम्मत
साहस की थाती
मत बनो
जज्बाती।

आस की दीपक
बुझने मत दो,
विवेक से जाग्रत
रखो बाती।

मनुज काया में
भले तुच्छ हैं,
पर,
अक्ल से
बस में
करता हाथी।

कामयाबी के मंत्र

कामयाबी का उसूल है
          जुनून होना चाहिए,
काम के प्रति उबलता
          खून होना चाहिए।

सफलता की ओर होंगे
          तभी हर मज़बूत कदम,
अपनी कमियों का हमें
          खुद भान होना चाहिए।

संसाधन भी है सारभूत
          पर स्मरण रहे ये बात भी,
आने वाले हर मौके पर
          तैयार रहना चाहिए।

न शिकायत हों किसी से
          ना ही कुछ साबित करें,
बस अपने ध्येय के प्रति
          वफादार होना चाहिए।

अच्छ हो या बुरा हो 'नैतिक'
          जैसी भी हो परिस्थिति,
हर एक मौके पर बस
          धैर्य रखना चाहिए।

दुविधा

मन का बचपन
मचलता है बार-बार
कि चल कहीं
बेवजह घूमते हैं,

उछलते हैं, कुदते हैं,
चलो –
तितलियों के पीछे
भागते हैं।

चलो –
कटी पतंग लुटते हैं,
कोई छेड़े अगर
दोस्त को
तो सब मिलकर कुटते हैं

चलो –
चुपके से बगीचे से
टिकोला तोड़ लाते हैं,
किसकी ज्यादा घुमती है
चलो लट्टु घुमाते हैं।

पर क्या करें,
रोक लेती है पांव
जिम्मेदारी की व्यस्कता।

और कहता है कि –
चल जुगाड़ कर
रात को चूल्हा जलने का,
और
जमाने के साथ
कदम से कदम मिलाकर
साथ चलने का।

श्रमिक

शाखों पर जब झुंड झुंड में
            खगवृंद करता है रसिक शोर,
नित्य की भाँति दिनकर भी
            जब पहुँचता है पश्चिमी छोर।

तब तन लथपथ श्रमसिकर से
            धूल धूसरित पांव को लेकर,
दिनभर का थका मांदा श्रमिक
            आता है अपने घर की ओर।

थके अंग में भी खुश रहता
            ये पहचान है इनके परिश्रम का,
धूल मिट्टी और स्वेद का गंध भी
            लगता है इनको संदल सा।

इनके जैसा कर्मठ कर्मवीर पे
            निर्भर, जग का जीवन करता है
ऐतबार नहीं ये भाग्य पे करते
            ये अपना स्वयं नियंता है।

साथ साथ

औरों की चिंता किए बगैर
            अपना कोई वजूद नहीं,
भगवान भरोसे वो रहते है
            जो श्रम करते हैं खुद नहीं ।

अगर समाज में रहना है तो
            सबको लेकर चलना होगा,
कुछ दूसरों से कहना होगा
            कुछ दूसरों की सुनना होगा ।

हम समाज में रहने वाले
            एक दूजे पर निर्भर रहते है
सुख दुख के हर अवसर पे
            हम साथ साथ ही रहते हैं ।

मेहनत का विकल्प नहीं

मेहनत बेच बेचकर मैंने कामयाबी खरीदी है,
सच पूछो तो यही राज है हमसे दूर गरीबी है।

हाथ पैर के रहते जिनके बच्चे भूखे मरते है,
लानत उनके पौरुष पर, ये उनकी बदनसीबी है।

शार्टकट के चक्कर में गर राह गलत जो पकड़े तुम,
घुमते रह जाओगे भाई दुनिया एक जलेबी है।

पहले पहुँचो वहाँ जनाब राह दिखाई पड़े जहाँ तक,
आगे भी तुम्हें राह दिखेगी ये सौ फीसद सच्चाई है।

है मेहनत का विकल्प नहीं याद रखो इस बात को 'नैतिक'
मौके कम है लोग अधिक ये बात पता तुम्हें भी है।

मध्यमवर्गीय रोज़मर्रा

सुबह की शुरुआत
तेरा मुस्कुराता चेहरा
हाथ में
एक प्याली गर्म चाय के साथ,
फिर थोड़ी
इधर-उधर की बात।

फिर तुम
रसोई में व्यस्त,
और मैं स्नान ध्यान में।

मैं तो खा पीकर
चला गया
अपने काम पर,
दिनभर अपने
सहकर्मी संग
हा हा ही ही
एवं कार्य करते बीत गया।

बच्चे भी
चले गए
तैयार होकर स्कूल।
पर रह गई
तुम
घर में अकेली
रोज कुछ न कुछ

करते हुए
सुबह से शाम हो जाती है।

फिर
पंछी के भांति
लौटते हैं
सब अपने घौंसले में।

रात के
खाने पर
सभी एकजुटता दिखाते हैं।

करीब करीब इसी तरह
बीत गई
आधी से अधिक
ज़िन्दगी।
और
बांकी ज़िन्दगी में भी
बदलाव के
कोई आसार नहीं है।

हाँ,
ये अलग बात है
कभी-कभार
तीज-त्योहार में
तड़क-भड़क होती है।

कभी फुर्सत में

बैठ कर सोचते हैं
तो लगता है कि
हम मध्यमवर्गीय लोगों का
जीवन जीने का
दायरा कितना छोटा है।

दायरा,
छोटा ही सही
पर इतना तो हम
जरूर फक्र से कह सकते हैं,
हम अपनी
छोटी सी दुनिया में
परिवार संग
सुकून से घर में रहते हैं।

पिंजरे में बंद परिंदा हूँ

कहने को केवल जिंदा हूँ
पिंजरे में बंद परिन्दा हूँ
सच झूठ सब सुन सकता हूँ
बोल नहीं सकता गूंगा हूँ।
            पिंजरे में बंद…।
सही गलत का फर्क पता है
देख कर क्या कर सकता हूँ
इतने हम लाचार हैं समझो
आँखों वाला अंधा हूँ,
            पिंजरे में बंद…।
आँखों के आगे सब होता है
देख देख कर दिल रोता है
कुछ कर नहीं पाता उनके हित
खुद खुदसे मैं शर्मिन्दा हूँ,
            पिंजरे में बंद…।
बुजदिल नहीं मैं बेबस हूँ
वक्त की मार से आहत हूँ
पाकर मौका हर जख्म भरेंगे
ऐसा मैं कारिंदा हूँ।
            पिंजरे में बंद…।
सामर्थ नहीं उनसे भिड़ने की
जिसने ये खेल रचाया है
पर एक दिन खेल बिगाडूंगा
मैं यही सोच कर जिन्दा हूँ,
            पिंजरे में बंद…।

जरा ठहर ऐ ज़िन्दगी

कितनी उम्मीदें
कितनी हसरतें
कितनी तमन्नाएं
पीछे छूटती जा रही है,
जरा ठहर ऐ ज़िन्दगी
क्यूँ मुट्ठी से
रेत की भाँति फिसलती जा रही है।

अभी तो
दूध का कर्ज चुकाना बाकी है,
देश की माटी का
फर्ज निभाना बाक है,
एक आशियां तक ठीक से बना नहीं पाया,
अभी बेटी ब्याहना बाकी है।
क्यूँ आहिस्ता आहिस्ता
अरमानों को कुचलती जा रही है,
जरा ठहर ऐ ज़िन्दगी
क्यूँ मुट्ठी से
रेत की भाँति फिसलती जा रही है।

एक उलझनें सुलझाता हूँ
दूसरा खड़ा हो जाता है,
पग–पग पे मुक़द्दर मेरा
मेरी सब्र को आज़माता है,
मैं कैसे सबको खुश रखूँ
ये बात समझ नहीं आ रहीं है

जरा ठहर ऐ ज़िन्दगी
क्यूँ मुट्ठी से
रेत की भाँति फिसलती जा रही है।

कितनी मेहनत से बाबा
ये बाग लगाया है,
खून पसीने से सींचा
पर अभी फल नहीं खाया है।
क्यूँ उनकी अरमानों पर तू
बज्रपात करवा रही है,
जरा ठहर ऐ ज़िन्दगी
क्यूँ मुट्ठी से
रेत की भाँति फिसलती जा रही है।

सरकारी शिक्षक

आज भय नहीं बच्चों में
सरकारी शिक्षकों का
और ना ही परीक्षा में फेल होने का,
परीक्षा होती नहीं
और शिक्षक के हाथ में छड़ी होती नहीं।
माना कि
बच्चों को भय नहीं प्यार चाहिए,
पर क्या
शिक्षकों को दुत्कार चाहिए?
बच्चों के भीतर के भय को मिटाकर
शिक्षकों में भय भर दिये गए हैं –
किसी और ने नहीं,
खुद उनके माता–पिता ने,
सरकारी आदेशों ने,
छुटभैये नेताओं ने।
छात्रों से भय निकाल कर
इनके वर्तमान को तो निर्भय कर दिया
किन्तु भविष्य अनिश्चित।
शिक्षक प्यार से कहते हैं –
बाबू! स्कूल आया करो रोज,
ताकि स्कूल लगे कि स्कूल है
क्योंकि तुम ही स्कूल के फूल हो।
किन्तु नहीं...!
उनकी तो उपस्थिति हो गया
75 प्रतिशत,
फिर अब काहे का स्कूल।

अभिभावक भी कहते हैं –
मास्स साब! थोड़ी हाजिरी देख लीजिएगा मेरे बच्चों की,
तनिक काम से ले जा रहा हूँ इसे।
मतलब है साफ,
इन्हें शिक्षा नहीं, चाहिए लाभ
इन्हें चाहिए तो सिर्फ –
छात्रवृत्ति, पोशाक, साइकिल
अर्थात,
सरकारी योजनाओं का लाभ।
अगर कभी
बच्चों की अनुपस्थिति पर बुलावा भेज दिया तो
कहते हैं अभिभावक –
चिन्टू तो कहता है –
स्कूल में तो पढ़ाई होती ही नहीं है
मानो उसका बेटा घर बैठे ही
सब सीख गया है
या सीख जाएगा।
पास खड़े दुसरे अभिभावक को भी
लेक्चर झाड़ने का इससे अच्छा मौका और कब मिलता।
सो वो शुरु हो गए –
सरकारी स्कूलों में कि पढाई होती है?
पढाई तो होती है प्राइवेट स्कूलों में, कॉन्वेंटों में।
उन्हें क्या पता कि –
कैसे होती है
कॉन्वेंटों में पढाई।
होमवर्क पूरा न होने की स्थिति में
कैसे पैरेंट्स को बुलाकर
लगायी जाती है फटकार।

सीधे तौर पर कहा जाता है–
आपका बच्चा
मेरे स्कूल में चलने लायक नहीं है।
ले जाइए इन्हें
देखिए कोई और स्कूल।
पैरेंट्स गिड़गिड़ाता है,
सर! एक मौका दे दीजिए
फीस ले लीजिए।
फिर क्या,
अगले दिन से सब कुछ छोड़
होमवर्क बनवाता है।
घर में ट्यूशन दिलाता है।
दूसरी तरफ –
सरकारी स्कूल में
अगर होमवर्क दे दो तो
बच्चे कई दिनों तक
स्कूल से नदारद हो जाते हैं।
प्राइवेट स्कूलों में –
पैरेंट्स मीटिंग के दिन,
पापा छुट्टी लेकर जाते हैं।
और सरकारी स्कूल में
बैठक हो तो
घर में होते हुए भी,
सोते हैं।
अगर कोई गलती से
आ भी गए तो
पढाई छोड़ बांकी सब बातें करते हैं।
खास कर मध्याह्न भोजन पर –

मास्साब! सलाद मऽ खाली टमाटर खीरा देलो छऽ,
आरू हय कि अरवा चौर खिलाय छऽ,
तबऽ नी, बच्चा नय खाय लऽ चाही छै।
जैसे बच्चा घर में
रोज सेव-संतरे की सलाद
और बासमति चावल खाता हो।
खैर जो हो –
हर तरफ से ठोकरें खाता है
सिर्फ शिक्षक .....।
जैसे सरकारी शिक्षक क्या हुआ
रास्ते का पत्थर हो गया,
या फिर मंदिर की घंटी।
कभी पत्रकार
तो कभी मुखिया जी
और कभी बीडीयो सीओ
चाहे किसी विभाग का ऑफिसर हों,
स्कूल के बगल से गुजरा
तो कर लिया स्कूल का निरीक्षण।
और बजा दी मंदिर की घंटी।
अब चाहिए प्रसाद,
न मिला तो,
अगले दिन पढ़ लीजिए अखबार।
कितने शिक्षक हो गए
शुगर बीपी हाइपर टेंशन के शिकार,
ऐसे होते हैं
चौतरफा अत्याचार।

मेरे अरमान

हवाओं के
माफिक हैं
ऐ दोस्त
मेरे अरमान,
मजहब की दीवारों को
मैं कहाँ देख पाता हूँ।
लोग क्या सोचते हैं,
मैं नहीं सोचता।
मैं तो मंदिर-मस्जिद- गुरुद्वारा
हर जगह हो आता हूँ।

चौपट हो गया धंधा तेरा

मंदिर मस्जिद गिरजा के क्या
       सभी देव पाषाण हो गये,
प्रलय के इस विषम घड़ी में
       क्यूँ पीर महन्त गुमनाम हो गये।

मन्नत, मिन्नत, बलि, चढ़ावा
       शंखनाद क्या असर खो दिया,
ग्रह नक्षत्र बदलने वाले
       तंत्र मंत्र सब भूल गये क्या?

ओ मसीहा कहाँ छुपे हो
       पैगंबर बाहर तो आओ,
त्राहिमाम है श्रृष्टि सारी
       करामात कुछ तो दिखलाओ।

समझ गया जग ढोंग तुम्हारा
       हरा चीर एक रोग ने सारा,
मिथ्याभिमान भी मर्दन हो गया
       चौपट हो गया धंधा तेरा।

गलती

हर किसी से कभी न कभी
          हो जाती है गलती से गलती
उस गलती के बाद लोग
          करते है फिर तीन गलती ।

पहली, तो लोग करके गलती
          छुपाने की करते हैं गलती,
दूजा गलत को सही बनाने
          करते हैं तकरार की गलती
गलती को स्वीकार न करके
          करते हैं फिर तीसरी गलती ।

गलती तो आखिर गलती है
          भविष्य इसका है अपमान,
साहस कर स्वीकार लिया तो
          न होगा कोई नुकसान ।

बंद

हाट बंद, बाजार बंद
        रेल, मोटर कार बंद
कॉरोना वायरस के डर से
        है सारा संसार बंद।

नेता बंद, जनता बंद
        राजा राजकुमार बंद,
प्रशासन ने कर रखी है
        हर तरफ चाक चौबंद।

स्कूल बंद है, कॉलेज बंद,
        शहर के सारे दफ्तर बंद,
जिम बंद, उद्यान बंद,
        सिनेमा और थिएटर बंद।

सबके मुँह पे मास्क चढ़ा है
        सबकी है पहचान बंद,
सिर्फ यहीं की बात नहीं है
        अमेरिका और ईरान बंद।

मंदिर में भगवान बंद,
        मस्जिद में कुरान बंद,
गली की नुक्कड़ सूनी है
        राशन की दुकान है बंद।

दिल के सब अरमान बंद,
शाहरुख और सलमान बंद,
आई पी एल भी टल चुकी
है खेल का मैदान बंद।

तीज-त्योहार शादी विवाह
मोदी के फरमान से बंद,
खबरें देख-देख बच्चों की
चेहरे की मुस्कान बंद।

कुछ दिनों की बात है 'नैतिक'
रहें घरों में सब कोई बंद,
बात अगर न मानी तो
हो जाएगी साँसें बंद।

अबकी गर्मी छुट्टी में

अबकी गर्मी छुट्टी में
        ऐ दोस्त मेरे गांव तू आना,
नदी किनारे घर है मेरा
        उछल कूद कर खूब नहाना।

है पास एक बड़ा बगीचा
        आम लीची जी भर खाना,
रात चाँदनी जब छिटकेगी
        डेंगी नाव से सैर लगाना।

चिड़ियाघर सा दृश्य मिलेगा
        रोज सवेरे नदी किनारे,
बगुला सारस हंस का जोड़ा
        और अनेको पक्षी सारे।

भूल चुके जो खेल हम सभी
        छुर-छुर और बुढ़िया कबडी,
सबकी यादें होंगी ताजा
        राजा, मंत्री, चोर, सिपाही।

ककड़ी, फूट, पल्हेज, बोखारी
        सबका मजा दिलाएँगे,
चीना, कौनी, ज्वार, बाजरा
        जो देखे नहीं दिखाएंगे।

एक से बढ़कर एक कहानी
दादी रोज सुनाएगी।
सच कहता हूँ दोस्त तुम्हें
घर की याद न आएगी।

यादगार गर न बन जाए
ये छुट्टी, तो फिर कहना,
अबकी गर्मी छुट्टी में
ऐ दोस्त मेरे गाँव तो आना।

खाली

सड़के खाली दफ्तर खाली
बस अड्डा स्टेशन खाली।

कैसा है ये कहर कोरोना
सबकी हालत कर दी माली।

मोदी जी के कहने पर
घर पर पीट रहे सब थाली।

चीख रहे परदेश में लेबर
कई दिनों से पेट है खाली।

नेता कर रहे हैं वादे
राहत की सब बातें जाली।

थोड़ा काम खुद भी कर लें
डाँटेगी न तब घरवाली।

रहें दूर सब एक दूजे से
तभी जाएगी रोग ये टाली।

कोरोना में ईद

हालात-ए-मजबूरी कहें
या कहें समझदारी,
देश दुनिया समाज को
बचाना भी है जरूरी,
जीवन में पहली बार मनाया
ईद अनोखी आज,
न गले मिले, न हाथ मिलाया
घर में पढ़ी नमाज।

जाओ

जाओ!
जाना आसान है,
सबकुछ छोड़कर
सबका दिल तोड़कर।
पर सबके साथ रहना,
सबके सुख-दुख में काम आना,
कितना मुश्किल है
कभी सोचा,
मौका मिले तो कभी सोचना।
परन्तु सोचोगे कैसे...
तुम्हें ये सब बताएगा कौन ...!
तुम तो चले गए
सदा के लिए
सब कुछ त्याग कर।
पर तुम्हारे त्याग से बढ़कर है
उनका तप।
जो हर रोज तुम्हारी याद में
मर-मर के जीते हैं,
तुम्हारे फैलाये फटी जाल को
रोज अपनी आँसुओं से सीते हैं।
तुमने जिन इमारतों का आधार रखा था,
कैसे वो अपनी जी-तोड़ मेहनत से
एक-एक ईंट से सजाता है।
इसलिए तो कहता हूँ
जाना आसान है।
जाओ ...

कोई रोकेगा नहीं,
वैसे भी,
जाने वाले को कौन रोक सकता है
पर कुछ दिन और रहते
तो अच्छ होता।

तुम सैनिक हो

आया न करो तुम यादों में
       मन विचलित हो जाता है,
वहाँ अभी किस हाल में हो
       तुम, सोच के जी घबराता है।
हम चैन से नींद में सोते हैं
       दिन रात तुम पहरा देते हो,
हम छप्पन भोग उड़ाते हैं
       तुम पता नहीं क्या खाते हो।
तुम सैनिक हो, बलशाली हो,
       हर पीड़ा तुम सह जाते हो,
जब भी राष्ट्र पे विपदा आता
       तुम अपनी जान लगाते हो।
मैं दुर्बल भीरू भार्या तेरी
       तुझसे ही अस्तित्व है मेरी,
तुम जब शत्रु से लड़ते हो
       तो बढ़ जाती है शान हमारी।
मन ही मन घबराती भी हूँ
       सबको धैर्य दिलाती भी हूँ,
तुम कितने वीर बहादुर हो
       मैं सबको ये बतलाती भी हूँ।
हे प्राणप्रिय जब फुर्सत पाओ
       दो बातें तो माँ से बतियाओ,
है बच्चे कब से आस लगाके –
       अब आ जाओ न देर लगाओ।

माथा पीटा अजनबी

चीर विरानी बीहड़ों में
      अपलक टकटकी लगाए,
अब आएँगे, कब आएँगे
      उधेड़बुन में समय बिताए ।
पत्ते की सरसर मरमर पे
      नाच उठते नयन पुतलियाँ,
पलपल होते देर से खीझकर
      नोचते संग लाये निज कलियाँ ।
व्याकुल हो कभी चलते फिरते
      कभी टेक दरख्त को खड़े हो जाते,
कभी कोसते खुद ही खुद को
      फिर सबकुछ भूल कुछ गुनगुनाते ।
एक अजनबी उत्सुक होकर
      ताड़ रहा था पेड़ से छिप कर,
प्रेम लीला का दर्शन होगा
      बड़ा खुश था ये सोचकर ।
घंटो बीत गया ऐसे ही
      मिलने उनसे कोई न आया,
अब अजनबी होकर परेशान
      खुद ही उनके सामने आया ।
पूछने पर जब पता चला
      ये तो है भई एक कवि,
अपनी मूर्खता पर खुद ही
      माथा पीटा अजनबी ।

सरदार पटेल

जितना बड़ा व्यक्तित्व था उनका
                  स्टैच्यू बना उतना ही विशाल,
ये धैर्य-शौर्य-एकता का पुतला
                  बन गया दुनिया भर में मिशाल।

स्थापित हो गया सारे जग में
                  सबसे ऊँची, इनकी प्रतिमा,
अब जान सकेगा बच्चा बच्चा
                  राष्ट्र निर्माता की सारी महिमा।

जैसे यू.एस.ए. में लिंकन का
                  अफ्रिका में है मंडेला,
वैसे ही एकीकृत भारत का
                  सरदार पटेल है नाम अकेला।

अंग्रेजों की तो मंशा थी
                  हो बीच-बीच में पाकिस्तान,
लौह पुरुष के सूझ बूझ से
                  बिखर गया उनका अरमान।

अब नया गीत कौन सुनाएगा

(अटलजी को श्रद्धांजलि)

जब टूटे अटल साँसों के तार
जनमानस के आंखों से छूट पड़े अश्रु की धार ।

पत्थर सा कलेजे वाले का भी
निकल पड़े करुण चित्कार

राजनीति के उपवन से मानों
कोई चुरा ले गया हो बसंत
साहित्य के पन्नों से जैसे
हो गया एक कहानी का अंत ।

राजनीति के खिलाड़ी अब तुमसा पथ प्रदर्शक कहाँ पाएँगा ।
अब नया गीत कौन सुनाएगा ।

राजनीति के आकाश से आज
एक दिनकर अस्त हो गया
भारत के जनता ने फिर
एक अटल सितारा खो दिया ।

हरपल नैन उन्हें ढूंढेगा
कैसे लोग उन्हें भूलेगा
उनकी कमी कोई चाहकर भी दूर नहीं कर पाएगा ।
अब नया गीत कौन सुनाएगा ।

समाजरूपी दर्पण

दुख के बादल छँट आएंगे
                अहंकार का त्याग करें,
अस्पृश्यता के भाव छोड़कर
                सब जीवों से प्यार करें।

दुख की वजह आसक्ति ही नहीं
                होता है मन का खालीपन,
जब प्रतिप्रेम नहीं मिलता है तब
                वीरान सा लगता सारा जीवन।

अपनी तय राहों में जब
                रोड़ा दिखे तो दुख होता है,
कोई तेरे मन से अलग अगर
                खुद की करे तो दुख होता है।

जीव जगत में जितने जीव हैं
                सब मन विचार स्वभाव से भिन्न है
है सबसे बेहतर समझ आपकी
                हर बात पे फिर क्यों होते खिन्न हैं।

भला बुरा ज्ञानी अभिमानी
                सब विचार का है परिणाम,
समाजरूपी जो दर्पण हैं
                वही तय करता सबका अंजाम।

दो अक्षर तू भी पढ़ा

ऐ दोस्त! चल, दो अक्षर तू भी पढ़ा दे

दीनता में इनका कटा बचपना
और रोटी का था जुगत लगाना,
पता भी न चला इनको शायद
कब छूट गया था स्कूल जाना

अब तो उम्र भी आगे निकल गया, पन्द्रह बीस कदम बढ़ा के,
ऐ दोस्त! चल, दो अक्षर तू भी पढ़ा दे

जरा देर से इनको समझ है आया
पछताता है कि पढ़ नहीं पाया
गया था स्कूल फिर से पढ़ने
पर बच्चों ने इनको बहुत चिढ़ाया।

ऐसा न हो फिर से पढ़ने की, फिर से इच्छा दबा दे,
ऐ दोस्त! चल दो अक्षर तू भी पढ़ा दे।

ठगे न कोई अनपढ़ कह के
धन दौलत न कोई हड़पे,
जीवन पथ पर ससम्मान
चले ये जग से कदम मिलाके

तेरा चित भी प्रफुल्लित होगा सच कहता हूँ इसे पढ़ा के,
ऐ दोस्त! चल, दो अक्षर तू भी पढ़ा है।

भटकने दो भावनाओं को

बहने दो
भावनाओं को
लहरों के साथ समन्दर में,
विचरने दो
स्वच्छंद होकर
हवाओं संग नीले अंबर में।

भटकने दो
गाँवों में
शहरों की गलियों में,
अनजान राहों में
पहाड़ की कंदराओं में,

खुशियों की
महफ़िल में
दर्द के कराहों में
मचलने दो
इतराने दो
लहराने दो
साजन की बाहों में।

खेतों में
खलिहानों में
बागों में बहारों में,
सतपुड़ा के जंगल में
अंतरिक्ष के
सितारों में।

यहाँ वहाँ
जहाँ जी करे
स्वच्छंद होकर घूमने दो,
रोको मत
विचारों को
मस्त होकर झूमने दो।

जब हो जाएगा
परिपक्व तो फिर
बनाएगा इतिहास,
तभी तो
रच पायेगा 'नैतिक'
रोमियो जूलियट
गीतांजलि
गोदान जैसा कुछ खास।

चेहरा

कभी चाँद
कभी फूल
कभी किताब है चेहरा,
महबूब की
आंखों का
कभी ख्वाब है चेहरा।

कभी दर्पण
कभी क़यामत
कभी आफताब है चेहरा,
किसी के वास्ते
किसी का
लाजवाब है चेहरा।

जो किसी मौका पे
मतलब से
रूप बदलकर
धोखा दे,
मेरी नजर में
ऐसा चेहरा
बदनुमा दाग है चेहरा।

बंद आँखों से
नजर आए
ऐसी जिनमें हो खासियत,
बाहर भीतर एक सा

जिनकी हो शख्सियत।

ऐसे चेहरे को लोग
कहते हैं
वाह क्या बात है चेहरा।

यादें

कभी भी कहीं भी आ जाती
बड़ी ढीठ होती है यादें,
पुराने जख्मों को कुरेद कर
दिल में टीस देती है यादें।

परत दर परत हर पन्ने को
पलट पलट कर,
वक्त बेवक्त बड़ा तकलीफ
देती है यादें।

पता नहीं दिल के किस कोने में
छुप के रहती है,
जब भी निकलती है दर्द भरी
चीख देती है यादें।

मन बेचैन हो जाता है आँखें
नम हो जाती है,
जब भी अतीत को वर्तमान में
खींचकर लाती है यादें।

साली

1

साली तो है मय की प्याली
   देखो तो नशा छा जाएगा,
बिन इनके ससुराल में
   तनिक मजा न आएगा।

साली है गरम जलेबी सी
   है अंग अंग में रसभरी,
बातों में इनका जादू है
   करे घड़ी घड़ी ये मसखरी।

ये इमली की चटनी सी है
   मुँह में पानी भर जाएगा,
ये पापड़ सी कड़क भी है
   छूते ही शोर मचायेगा।

ये बेसन का लड्डू भी है
   देखो तो भूख बढ़ाती है,
स्नेह रखोगे अगर इनसे तो
   सहर्ष गले लग जाती है।

2

घर खूबसूरत घरवाली से,
   ससुराल की रौनक साली है,
एक घर की मुर्गी दाल बराबर
   एक छप्पन भोग की थाली है।

उनसे मत पूछो दिल का दर्द
      जिनका ससुराल बिन साली है,
है तकदीर सिकंदर उसका
      दो चार साली जिनकी निराली है।

कोई फर्क नहीं पड़ता यारो
        गोरी है या काली है,
किस्मत वाला है वो जीजा
        जिनके छोटी साली है।

रिश्ता तो हैं दर्जनों, पर
        साली की बात निराली है,
बाकी सब है रूखे सूखे
        साली तो रस की प्याली है।

आजकल

खुशी संभाले नहीं संभलता है आजकल,
वो रोज किसी बहाने मिलता है आजकल।

किसी ने इत्र बिखेर दिये हो फिजा में जैसे,
या रोज कोई कली चटकती है आजकल।

लोग कहते हैं मैं आशिक हो गया हूँ खुशबू का,
क्योंकि रोज मेरे मन में गुलाब खिलता है आजकल।

नोट का कौन पूछे, बस इतना समझ लिजिए,
खोटे सिक्के भी धड़ल्ले से मेरे चलते हैं आजकल।

जिस गली से गुजरता हूँ इक शोर मच जाता है,
हर जगह बस मेरी ही चर्चा चलती है आजकल।

मेरी खुशियों को किसी की नजर न लग जाए,
इसलिए काला टीका लगाकर निकलता हूँ आजकल।

तुम्हें याद मेरी भी आती होगी

सुबह सूर्य की पहली किरण
जब आँगन में मुस्काती होगी,
शाम समय पंछी पेड़ों पर
मिलकर चहचहाती होगी,
बागों में कलियों के ऊपर
जब भँवरें गुनगुनाते होगें,
चकोर अकेले बैठ रात में
गीत बिरह की गाती होगी,
क्या ये सच नहीं है कि तुम्हें याद मेरी भी आती होगी?

महल वही है, जगह वही है
भूला नहीं मैं, शहर वही है
है खेत खलिहान भी अपनी जगह
और ऊँच-नीच भरी डगर वही है।
सब बच्चे-बूढ़े वही पुराने,
पर राह देखती तेरी नजर नहीं है।
उजड़ी हुई दुनिया जब तुमको
दिल में दर्द जगाती होगी,
क्या ये सच नहीं है कि तुम्हें याद मेरी भी आती होगी?

उन्हें भुलाने की कोशिश में
तूँ खुद को न भूल जाना,
सुख शांति का करके त्याग
ना चिंता में फँस जाना,
बिखरे सपने जुड़ नहीं सकता
छोड़ो जिद्द ये पुरानी,

जब कोई सखी कानों में तेरी
बात यही दोहराती होगी,
क्या ये सच नहीं है कि तुम्हें याद मेरी भी आती होगी?

रिश्ता

सृष्टि के आरम्भ से ही रिश्ते हैं अनमोल,
लाते है बदलाव इसमें कड़वे मीठे बोल।

कुछ खून के रिश्ते होते हैं कुछ दिल के रिश्ते होते हैं,
कुछ लोग निभाते हैं दिल से कोई मन मसोसकर ढोते हैं।

मीलों दूर से भी कुछ रिश्ते एहसास करीब का देते हैं,
कुछ तो पास रहकर भी, रिश्तों से गरीब कर देते हैं।

माता-पिता-मित्र-गुरु सिर्फ रिश्ता नहीं संकल्प है,
रिश्ते तो है दर्जनो पर इसका नहीं विकल्प है।

क्षणभंगुर होता वो रिश्ता जो लिप्सा और मतलब से बनता,
मधुर व्यवहार, मीठे बोल, विश्वास से ये सदियों तक चलता।

अहं-वहम से जब भी कभी मुरझाने लगे रिश्तों का पौधा,
'नैतिक' सूझबूझ सामंजस्य जल से रख सकते हो हरा भरा।

समझोगे क्या प्यार व्यार तुम

तेरे आने की खबर से ही
          मन में फूलझड़ियाँ फूटती है,
सांसों में आंधियां चलती है
          खुशियों से आँखें बरसती है।

सब हरा भरा सा लगता है
          हिरण सी चौकड़ी भरती हूँ,
आजाद परिंदा सा मैं तो
          चहूँ ओर चहकती रहती हूँ।

कभी गाती हूँ मुस्काती हूँ
          कभी खुद से ही बतियाती हूँ,
करीने से घर का हर चीज
          बड़ी लगन जतन से सजाती हूँ।

अबकी बार ओ फौजी तुमसे
          मैं जी भरकर बतियाऊंगी,
तू लाख सताओगे मुझको
          मैं तुम पर प्यार लुटाऊँगी।

अजी बहुत कराए इन्तजार तुम
          आओ तो सही घर इस बार तुम,
ब्याह कर लाए चल दिए सरहद
          समझोगे क्या प्यार व्यार तुम।

हिफाजत करूँगा धरोहर की तरह

खिला खिला है चेहरा
          तेरा गुलमोहर की तरह,
चित्ताकर्षित करती हो
          तुम मनोहर की तरह।

खामोश निगाहों व
          मौन अधरों में तुम,
तराशे हुए बुत लगती
          हो संगमरमर की तरह।

धीर गंभीर चेहरे का
          भाव तेरा कुछ ऐसा है,
लगता है कोई शांत
          सरोवर की तरह।

पाने की चाह है गर
          तुझे पा गया किस्मत से,
ताउम्र हिफाजत करूँगा
          ऐतिहासिक धरोहर की तरह।

बीते लम्हें

जब भी कभी
यादों के सहारे
बीते लम्हों में जाते हैं,
जिनसे शायद
अब मिल न पाऊँ
उनसे भी मिल आते हैं।

बेशक वे
अभावों के दिन थे,
न ढंग के कपड़े
न कोई साधन,
पर लोग निश्छल
निष्कपट थे
जैसे हों कोई स्वच्छ दर्पण।

किसी के
घर के दरवाजे में
ताला हुआ न करता था,
काई ऐसा परिवार नहीं
जो पशु न
पाला करता था।

दूध दही सब
छक कर खातें,
शाम को भजन कीर्तन गाते,
दादी नानी

सब बच्चों को
रोज कोई किस्सा सुनाते।

फल सब्जी
जो भी उगाते
उसे बाँटते थे
बेचते नहीं,
वक्त पे
मदद देने हेतु
तब लोग कभी थे
सोचते नहीं।

जब भी
किसी के घर
शादी होती,
सारा गाँव तैयारी करते थे,
कोई दाल दरा करते
तो कोई माँढ़ा भुंजा भुंजते थे।

संसाधन की थी
बहुत कमी,
पर सभी खुश थे
सभी मस्त थे,
बेमतलब भागमभाग नहीं
न आज के जैसा
कोई व्यस्त थे।

और भी

कई किस्से हैं
सब कहाँ
सुना पाते हैं,
जब भी कभी
यादों के सहारे
बीते लम्हों में जाते हैं।

पुनर्मिलन

परिस्थित
प्रतिकूल थी
कुछ मेरी तो
कुछ तुम्हारी भी
भूल थी,

मैं अपनी
बात पर अडिग रहा,
तुम अपनी
जिद्द पर अड़ी रही।

पता नहीं
तेरे अपनों ने
क्या-क्या तेरे कान भरे,

मुझको भी
मेरे चाहने वाले
बोला – रहना आन धरे।

तब
प्यार-व्यार
सब भूल गया,
जो संग जीने की
चाहत थी,
सब द्वेषनीर में
धुल गया।

तुम
अपनी डगर पे
चल दिए,
मैं मनमसोस कर
रह गया।

फिर
तुमसे बिछड़ के
ऐसा लगा,
स्वपन महल
मेरा ढह गया।

सुना है,
अब भी
वहीं खड़ी हो,
जिस मोड़ पे
हम थे
हुए जुदा।

मैं भी
कहाँ उबर पाया,
हूँ तभी से
बुझा–बुझा।

सच बतलाना
मुझ बिन
तुमको,
कभी खलता नहीं

अकेलापन।

क्या अब
संभाव्य नहीं हैं कि,
हो हम दोनों का
पुनर्मिलन?

हम और तुम

1

हम और तुम
रेल की दो पटरियाँ
साथ-साथ चलते हैं...

नदी, पहाड़, झील
खेत-खलिहान,
जंगल से होकर निकलते है...

बस इसी उम्मीद में कि,
कोई तो ऐसा स्टेशन आएगा
जहाँ हम और तुम
मिल जाएंगे।

पर नहीं...
ऐसा न कभी हुआ है
न हो पाएगा।

सैकड़ों स्टेशन गुजर गये,
लाखों मुसाफिर
अपने गंतव्य तक पहुँच गए,
हम और हम
जैसे थे वैसे रहे।

साथ साथ तो चले
पर एक निश्चित दूरी

हमेशा कायम रही,
और
जीवन पर्यन्त ये दूरी
कायम रहेगी ....।

2
हम और तुम
नदी के दो किनारे,

जिंदगी के सफर में
रात-दिन अनवरत रूप से साथ-साथ
चलते जा रहे हैं,
बस चलते जा रहे हैं....।

पता नहीं यूँ ही
कब तक चलते रहेंगे?

लगता है यूँ ही
चलते चलते
जिंदगी की शाम ढल जाएगी,
नदी बहकर एक दिन
सागर में मिल जाएगी...।

तब फिर
न नदी होगी,
न किनारा होगा,
न अस्तित्व हमारा होगा।

हम और तुम
फिर हो जाएंगे
इस दुनियां की भीड़ से
हमेशा के लिए गुम……।
हम और तुम।

तेरे बगैर

मुझसे अच्छा बहुत मिलेगा
       पर मुझसा ना पाओगे,
सच में वो खुश किस्मत होगा
       जिसको भी तुम चाहोगे।

सुख के सब सामान रहेंगे
       पुरे सब अरमान भी होंगे,
फिर भी अतीत में झाकोगे
       तो मुझे भुला नहीं पाओगे।

हाँ! ये सच है तेरे बगैर
       मैं तो बिखर ही जाऊँगा,
मुझे सताने के चक्कर में
       तुम खुद को तड़पाओगे।

कौन है दिवाना तेरा

यूँ शून्य में निहारना और
    मंद– मंद मुस्काना तेरा,
किनके ख्याल में खोयी हो
    कौन है दिवाना तेरा ?

छलक रहा है प्यार नेत्र से
    साँसों में फुहार इत्र सी
मदमस्त पवन का अलकों से
    बार बार उलझना तेरा,
किसके ख्याल में खोयी हो
    कौन है दिवाना तेरा ?

कभी गुमसुम बैठी रहती हो
    कभी खुद से बातें करती हो
आईने के समक्ष घंटों तक
    खुद को ही निहारना तेरा,
किसके ख्याल में खोयी हो
    कौन है दिवाना तेरा ?

बातों से फूलों का झरना
    बेमौसम सजना सँवरना
क्या वजह हो सकती है
    हर बात पे शरमाना तेरा,
किसके ख्याल में खोयी हो
    कौन है दिवाना तेरा ?

बेबसी

क्या बताएं,
कैसे बताएं,
कुछ भी ठीक नहीं चल रहा है,
न धुआं है
न लपटें,
पर दिल बेशुमार जल रहा है।

तुझ बिन
तड़पता हूँ ऐसे
बिन पानी के
मछली जैसे,
दिन गुजरता है
ख़ामोशियों में,
रातें उदासियों में,
जब तब आँखों से अश्क निकल रहा है,
कैसे बताऊँ
तुझे मैं,
तुमसे दूर रहना मुझे कितना खल रहा है।

मवाद भरे
घाव सा,
टीसती है तन्हाइयाँ
घड़ी घड़ी,
याद आती है
तुम्हारी अंगड़ाइयाँ,
बता नहीं सकता कि

तुमसे मिलने को
कितना मेरा मन मचल रहा है,
सारे अरमान
मोम की भाँति पिघल रहा है।

रौशनी चुभती है,
कांच की अनदेखी
टुकड़ों सी,
इससे पहले
महसूस न की थी
कभी ऐसी बेबसी,
ना जाने किस जन्म का
कौन सा दुष्कर्म का फल,
फल रहा है,
ये जो उम्मीद है,
बड़ा जिद्दी है,
हम मिलेंगे एक दिन
बस! इसी आस में साँसें मेरी चल रही है।

ये कैसी नजदीकियां

छू भी नही सकते
चूम भी नहीं सकते,
आगोश में भरकर
झूम भी नहीं सकते।
क्या फायदा ऐसी
नजदीकियों का?
बाहों में बाहें डाल
घूम भी नहीं सकते।
इससे तो भला फासला था
ख़्वाबों का प्यारा घोसला था,
बिल्कुल स्वछंद परिन्दा थे
हम प्रीतनगर के वासिन्दा थे।
न मिलने की मजबूरी थी
हममे न कोई दूरी थी।
जी भरकर नैन लड़ाते थे
सपनों के प्रेम सरोवर में
हंसो सा डूब लगाते थे।
न रस्म रिवाज की बेड़ी थी
न लोगों की नजरें टेढ़ी थी।
हँसते थे खिलखिलाते थे
हरपल मौज उड़ाते थे।

विदाई

लोग कहते है

फलां कर्मचारी

फलां अधिकारी सेवानिवृत्त

हो गए

और विदा हो गये।

पर नहीं,

जो एक बार

ज़िन्दगी में आ गए,

किसी भी रूप में,

चाहे दोस्त हों,

शिक्षक हों,

सहपाठी हों,

चाहे हमारे अधिकारी हों।

कभी विदा नहीं होते,

वो हमसे कभी विदा हो ही नहीं सकते,

क्योंकि

वो रह जाते हैं

हमेशा हमेशा के लिए

अदृश्य, निराकार रूप में

हमारे दिलों में,

हमारे मस्तिष्क में,

यादें बनकर,

आज भले ही वो

हम लोगों से दूर जा रहे हों,

पर हमेशा हम सभी के बीच रहेंगे,

किसी न किसी मौके पर

चर्चाओं में,
वार्ताओं में
यादों में।

तूँ बुलंदियों को छुए

तमन्नाओं के सब फूल
दामन में तेरे खिलता रहे,
खुशियों के समन्दर के
सब मोती
बिन मांगे ही तुम्हें मिलता रहे,
दिन दुनिया मौसम
चाहे जितनी रंग बदलता रहे,
ये दुआ है मेरी
तूँ आसमाँ की बुलंदियों को छुए,
मगर पाँव हमेशा
मजबूती से
मिट्टी को पकड़े रहे।

जन्मदिन तेरा मंगलमय हो

1

जीवन के उपवन में तेरे
      खिले रहें खुशियों के फूल,
गम के सब खग फुर्र हो जाए
      जिनको जाए सदा तूँ भूल।
वही पवन स्पर्श करे तुम्हें
      जिसमें हो सुरभि का मिश्रण,
सतरंगी सपनों सा सुन्दर
      सदा निकट का हो वातावरण।
पुरे हों हर ख्वाब तुम्हारे
      भाग्य पे भी हो खुद की मर्जी,
सुख-दुख में तेरे साथ रहे जो
      ऐसा हो सब सगा संबंधी।
तन स्वस्थ मन खुश हों ऐसे
      जैसे झील में खिला कमल हो,
हर दिन होली हो रात दिवाली
      जन्मदिन तेरा मंगलमय हो।

2

जीवन की बगिया में तेरी
      सालो भर बस रहे बसंत,
जन्मदिन की खुशियों का
      सदियों तलक न होवे अंत।
घर आँगन में रहन सहन का
      माहौल सदा आनंदमय हो,
सदैव कामना हार्दिक मेरी
      जन्मदिन तेरा मंगलमय हो।

दुआ

कोई तोहफ़ा
दे सकूँ
इतनी
हैसियत नहीं मेरी,
धूप से जो
बचा ले
वो बादल
नहीं मेरे पास।

न राहों के
कंकड़ हटा सकता हूँ,
न पांवों में
पदत्राण दे सकता हूँ।

कवि हूँ
इसलिए
शब्दो के जाल
जरूर बुन सकता हूँ,
कभी जीवन में
तेरे संकट न आए
इतनी दुआ तो
जरूर कर सकता हूँ।

वायरस

न मैं देख सकता हूँ,
न तुम देख सकते हो,
प्राचीन काल होता
तो मायावी कहलाता,
वैज्ञानिक युग है
इसलिए हम जान पाते हैं
कि वायरस है।
पर है तो अनदेखा शत्रु,
कब किधर से वार कर दे
पता नहीं होता।
इससे बचना आसान तो नहीं,
पर नामुमकिन भी नहीं।
इसे हराने के लिए
ताकत नहीं,
विवेक चाहिए,
वंदना नहीं,
चेतना चाहिए।
व्यापार करें,
आचार के साथ,
सामाजिक दूरी बनाए रखें,
पर मदद से मुँह न मोड़े।
चेहरे पर मास्क लगाएं,
पर आँखें खुली रखें।

परिवर्तन

शैशवकाल
कल्पना में अक्सर
रहा निहाल

बाल्यावस्था
जो कुछ भी देखता
वही सीखता

किशोरावस्था
बौद्धिक विकास की
होती तीव्रता

युवावस्था
शारीरिक अंगों में
वृद्धि बेतहाशा

प्रौढ़ावस्था
है विचारों में होती
परिपक्वता

बृद्धावस्था
आर्थिक असुरक्षा संग
तन की दुर्बलता

डमरू छंद

1.

जहर
भरा
ये
कैसे
तुझमें,

गलत
नहीं
मैं
सच
कहता।

नयन
मेरा
भी
बहे
हमेशा,

किसने
खड़ा
की
ऐसा
तमाशा।

तुमसा
मिली
ना
प्रेम
दिवानी
किससे
कहूँ मैं
प्रेम
कहानी
जवानी तुम
पे
करूँ
कुर्बान।

पगली!
देता
हूँ
तुझे
जुबान।

2.

नयन
आप
सा
जब
पाऊँगा

वरण
आप
का
कर
जाऊँगा

मिलन
मन
का
कर
पाऊँगा

चरम
सुख
मैं
तब
पाऊँगा।

3.

अजब
नैन
है
तेरी
पगली।

काजल
बिन
भी
लगे
कटारी।

चेहरा
देख
मैं
हुआ
पगला।

मिलने
तब
ये
दिल
मचला।